MITGIFT *Verlag*

Harald König
Für Elise

© 2022 MITGIFT *Verlag*
www.mitgift.at • office@mitgift.at

ISBN 978-3-903095-18-2
Alle Rechte vorbehalten

Lektorat, Satz & Layout: MITGIFT *Verlag*

Für Elise
Nachtrag einer Liebe
Die Geschichte des David Graf

von
Harald König

„Für Elise Graf …"
(geb. Barili, 01. Jun. 1960 – gest. 01. Nov. 1986)

Vademecum – Vadetecum

„Es lockt dich meine Art und Sprach,
Du folgest mir, du gehst mir nach?
Geh nur dir selber treulich nach:
So folgst du mir – gemach! gemach!"

*(Friedrich Nietzsche 1844–1900,
„Die fröhliche Wissenschaft")*

Hinter den Worten

Dieses Selige am Schweigen;
um dich noch einmal ganz
hinter den Worten zu lieben,
wohl wie in einer Tulpe
vor der Morgenröte,
die um ihren Zauber wacht.

Und dann erst ein Teilen
mit dem Möglichsein.

Bleibst meiner Nacht Nachklang
und aller Tage Vorgesang;
und mag es bloß Hoffnung sein,
wurde einst aus Glück
jenes in mir Ewigbleiben.

(01.11.1986, Rom, „Elise Graf ist gestorben.")

Elias Graf: Dokumente

Dieses Buch sind Fragmente eines Lebens, das wohl eher zu den ungewöhnlicheren gezählt werden kann. Ich sehe keine Notwendigkeit darin, von meiner Person zu erzählen. Es reicht, dass Sie meinen Namen kennen – vermutlich ist das bereits zu viel. Vom Herrn Maier – vielleicht hieß er auch anders – müssen Sie aber wissen. Vom Bezirksamt aus rief er mich an. Dass in Angelegenheiten einer Erbschaft etwas für mich hinterlegt worden sei, sagte er, ein Paket.
„Sie sind doch Herr Elias Graf?"
„Doch, der bin ich."
„Dann kommen sie doch bitte die den nächsten zwei Wochen in unsere Zentrale und dann will die Sache auch schnell geklärt sein. Auf Wiederhören."
„Auf Wiederhören, Herr Maier."

Zwei Tage später saß ich in einem sterilen Raum voller billiger Kopien eigenwilliger Gemälde.
Während ich wartete, sah ich mir die Gemälde genauer an. Ich wollte gerade etwas Staub vom Rahmen wischen, als Herr Maier mit dem Paket zur Tür reinkam.

„Das ist von Gustave Doré, richtig?"
„Ein Kenner; leider nur eine Kopie."

„Zum Täuschen echt."
„Ja, wirklich. Bitte, nehmen Sie Platz. Sehen Sie, Sie müssen nur noch dieses Formular unterzeichnen …"

Als ich das Paket, das er vor mir auf den Schreibtisch gelegt hatte, inspizierte, erschrak ich:
Da stand in gut lesbaren alten Lettern: David Graf.
Der Name meines Vaters.

„Wer hat Ihnen das Paket zukommen lassen?"
„Das ist nicht so leicht zu erklären. Sehen Sie", Herr Maier fuhr sich übers Gesicht, „der Endabsender ist ein gewisser Pater Ernesto, aus Güemes, Kantabrien, in Nordspanien."
„Ein Pastor? Hat er auch einen Nachnamen?"
„Nein."
„Also ein selbsternannter Pastor?"
„Wahrscheinlich. Aber wir haben die Adresse überprüft und sie scheint die richtige zu sein."
„Aber warum bekomme ich das Paket erst jetzt?"
„Das ist der springende Punkt: In einigen spanischen Ländern gibt es ein Gesetz, das verbietet – verzeihen Sie, wenn ich das jetzt so direkt an Sie richte – dass eine Person, die verschwunden ist oder als vermisst gilt, für tot erklärt wird."
„Wir schreiben doch heute den 9. August, nicht wahr?" Ich blickte auf Herrn Maiers Tischkalender.
„Es müsste auf den Tag genau fünfundzwanzig Jahre

her sein, dass mein Vater in Spanien als vermisst gemeldet wurde."
„Exactement. In Spanien gibt es eine Behörde, die die Nachlässe dieser Personen 25 Jahre aufbewahrt."
„Sie haben eine 25 Jahre alte Adresse überprüft?"
„Wir müssen allem genauestens nachgehen."
„Lebt denn dieser Pater Ernesto noch dort?"
„Das weiß ich nicht. Das liegt nicht in meinem Aufgabenbereich."

Ich füllte die notwendigen Formulare aus und nahm das Paket. „Guten Tag, Herr Müller."

Zu Hause stellte ich das Paket auf den Küchentisch, wo es etwas mehr als zwei Wochen stehen bleiben sollte. Mein ganzes Leben hatte ich darüber nachgedacht, welche Fragen ich meinem Vater stellen würde und am 25. August, dem Todestag dieses mir liebgewonnenen Verrückten, ließ mich der Alkohol heftig gegen den Küchentisch stoßen und das Paket zu Boden fallen.
Und plötzlich lagen da, ausgebreitet auf dem Vinylboden, Tagebücher, Briefe, Dokumente und viel ungeordnetes, altes Papier – Antworten, die er mich hatte wissen lassen wollen. Und hätte ich inmitten dieses Chaos nicht das eine Bild entdeckt, das meinen Vater mit meiner Mutter, Elise Graf, zeigte – ich

wäre bemüht gewesen, all diesen Antworten den Rest meines Lebens aus dem Weg zu gehen.

16. September 1982, Santiago de Compostela/Ich werde diese Frau heiraten!, stand dort auf der Rückseite der Photographie. Also hatte er meine Mutter in Spanien kennengelernt.

Wenn Sie sich nun erhofften, dass alledem etwas Außergewöhnliches entspränge, muss ich Sie nicht enttäuschen. Auch möchte ich Sie darauf hinweisen, dass viele Teile der Geschichte mir zum gegenwärtigen Zeitpunkt unschlüssig sind. Ich habe, wenn auch über etliche Umwege, einen Pater Ernesto ausfindig machen können; bin auch guter Dinge, dass er derselbe sein könnte. Noch keine Erwähnung fand hier die Briefkorrespondenz meines Vaters: ein gewisser Christoph T., zu dem mir leider noch immer jeglicher Anhaltspunkt fehlt.

Eines noch: Ich dachte, dass es mir leichter fallen würde, dem Ganzen mit dem notwendigen Interesse begegnen zu können, würde ich wissen, was aus David Graf geworden ist. Nur habe ich darin kein Ende gefunden.

1. Brief: David an Elias Graf

Ein versiegelter Brief – das Siegel ist nachgearbeitet.
"Datum: 08. November 1988
Ort: Güemes/Spanien

An meinen wunderbaren Sohn,

es war die schwerste Aufgabe, die mir mein Leben je gestellt hat, Dich, meinen Sohn, in die Hände anderer Menschen zu geben.
Bitte glaube mir an dieser Stelle, dass diese Entscheidung nicht aus freiem Willen getroffen werden konnte. Deine Sicherheit und der Gedanke, Dir dadurch ein kindgerechtes Aufwachsen zu ermöglichen, wog schwerer als all meine Liebe zu Dir.
Ich vertraue Ernesto, dass er Dir alles, was ich für Dich bestimmt habe, zukommen lassen wird und dass Du zu gegebenem Anlass diese Zeilen liest.
Wie alt magst Du dann wohl sein?
Nun, da Du auch um das Schicksal deiner Mutter weißt – Elise war die Mutter einer Welt und so schön, wie Du es bist – sei Dir gewiss, dass sie schon dein ganzes Leben über Dich wacht und über alle Zeiten liebt; so auch ihre letzten Worte.
Als sie dieser Welt entschwand, hat sich ihr Leuchten in deine Augen gelegt und mir durch deine Lippen zugelächelt.

Bitte zürne uns nicht!
Es ist dieses einzigartige Leben, das uns ausgewählt hat, einen Weg zu folgen, der weit hinter dem Verständnis dieses irdischen Daseins entlangführt.
Ich halte es für zu egoistisch, Dir alle Nachforschungen meiner Expeditionen zukommen zu lassen. Dennoch solltest Du nachvollziehen können, warum manche Entscheidung nicht anders getroffen werden konnte.
Da Du auch weißt, wie es um deinen Großvater Emil Haller geschehen ist, will ich mir nicht einbilden, dass es Dir etwas erleichtert hätte. Dinge folgen ihren eigenen Gesetzen.
Solltest Du einmal an seinem Grab stehen, sag ihm, dass es mir leid tut.
Grüße deine Großmutter von mir.[1]
Verzeih mir meine anmaßenden Worte; vielleicht lebst Du ja gar nicht mehr in diesem kleinen Kirchenort und erkundest die Welt?
Aber das sind nur die Vorstellungen eines Vaters, der nicht weiß, ob er jemals das finden wird, wonach er auf die Suche geschickt wurde.
Du hältst mich vermutlich für verrückt.
Willst Du wissen, was ich unter einem Abenteuer verstehe? Das ist ein Unternehmen, dessen Sinn gänzlich klar ist, aber dessen Ausgang ungewiss bleibt, bis man es bewältigt hat! Deshalb spricht man auch vom Leben als einem Abenteuer.

Aristoteles beschrieb es als die Entelechie der Dinge, während Tolstoi den Mut jener Abenteurer zu rechtfertigen suchte, als er meinte: „Besser im Nachhinein bereuen als von vornherein zu verzichten."
Mein Sohn, ich glaube, dort, wo meine Reise mich hinführt, müssen diese Menschen zu Lebzeiten auch gewesen sein. Hinter der Wirklichkeit. Stell Dir das vor, zu Lebzeiten!

Im Frühling werde ich erneut aufbrechen. Bis dahin widme ich mich weiter den Schriften Ernestos. Meine Ahnung sagt mir, dass es diesmal eine längere Reise wird. Eine ewige vielleicht.

Bitte merke Dir eines ganz genau: Diejenigen, die predigen, sind nicht die, für die Du sie halten magst. Die guten Menschen sind auf der Suche nach den Waffen der Heiligen, mit denen sie den nächsten Kampf bestreiten werden.

Ich bete jeden Tag, wenn nicht für eine sichere Rückkehr, dann doch für ein Wiedersehen mit Dir.

Ich beende nun diesen Brief mit den Worten eines Briefes an deine Mutter, den ich ihr nie gegeben habe:

---

1) Maria Haller verstarb am 01.11.2001

„Fürchte die Furcht!
Dann ängstige deine Angst.
Hoffe durch die Hoffnung
und verlier' Dich im Traum,
so wird er zur Wahrheit
und dein Leben
ein Kampf für das Gute."

In Liebe und Zuversicht!
Dein Dich liebender Vater
David Graf"

Elias Graf: Erste Begegnung

Kein Zweifel, mein Vater war verrückt. Der Brief wurde kalligraphiert und die Feder beigelegt. Wie sich schnell herausstellt, keine, die noch ein Wort zu Papier brächte.

Die Antwort darauf, was mit meinem Großvater passiert ist, liegt irgendwo in diesem Chaos begraben. Ich werde wohl mit der Zeit darauf stoßen. Ich hoffe, dass ich den Brief, den er meiner Mutter nicht gegeben hat, finde.

Aus den Tagebüchern

„Hunderte Wege führen zu dem einen Land, in dem wir uns wiedersehen werden. Und ich wähle den längsten, um dir von all den wunderbaren Landschaften zu erzählen, die ich durchwandert haben werde. Denn dort, wo wir uns begegnen, ist es karg. Dort gibt es nichts außer unserer Erinnerung."

(Februar 1989, Güemes/Spanien)

2. Brief

31. Dezember 1986, St. Paul im Lavanttal

Lieber Christoph T.,

Mensch von Welt, Gemütsbruder und Ergänzung meiner Mondseele; du schweigst wie die Wiesen hier am Land, über die sich der Winter mit seinen gläsernen Tagen legt. Aber ich drehe mich weiter um den Gedanken an dich, auch wenn du mich nicht siehst, weil meine Sonne – Elise – sich nicht mehr in mir spiegeln wird. Deine Stille ist ein letzter Stern, der vom Himmel meiner verlassenen Erwartung fällt, und es ist dunkel. Und ich verstecke mich in der ewigen Schwärze jener Gewissheit, dass mein Sohn mich irgendwann fragen wird, wo seine Mutter sei. Soll ich ihm sagen, dass sie im Himmel ist, wo ich doch selbst nicht an den Himmel glaube? Oder dass sein Leben nicht ohne Tauschhandel möglich gewesen wäre und meine Liebe der einzig richtige Preis dafür schien? Wie winterlich würde jeder Sommer sein; wie grau sein Herbst und seine Gedanken – würden sie je den Mut fassen können, etwas schuldlos zu denken? Nur schweigen, wie es die Sprache der Zeit tut?
Bitte lass bald meine Uhr wieder durch eine Antwort von Dir schlagen, denn diese fast unerträg-

liche Ungewissheit wird mir noch die Güte meines Ablebens verscheuchen. Nimm dir doch die Minuten und gib mir einen letzten Frühling zurück, mein lieber Herzensgeist.

*In Auflösung
David Graf."*

Für Elise

Du bist mein Aufbäumen gegen die Zeit,
jener, die mir so tief ins Dasein frisst;
aber auch gleichsam erster Sonnentag
und ein junger Wind als Blättertanz.

Du Traum, der mich von meinem Schlaf entzweit,
du schimmerst so durch jede Nächte List.
Weil meine Wahrheit dir zu Grunde lag,
bist du der Leuchtturm meiner Anderswelt
und mein letztes Licht im Abendglanz,
das mir den einen Weg erhellt.

(Dezember 1986)

Heilig

Wollte ich dir schreiben;
beginnen würd' ich mit deinen Augen.
Vom Himmel würden sie bis ganz tief in mich sehen.
Bald hielte mich dein Mund zurück,
aus ihm erklänge nur meiner Liebe Echo.
Egal,
der Wörter ohne hör ich die Wälder dich singen!
Ach Hände, hebt endlich Herzen auf –
will rennen;
nehme den Gezeiten ihren Lauf.
Du bist Traum,
ich Wirklichkeit.
Ich schreibe dir
mit zitternder Feder;
ohne zu fliegen!
Muss ich bis ans Ende aller Tage
was noch an mir menscht bekriegen?
Meines Herzens Wiege
wiegt nur noch Zeit.

Tausend Briefe an Gott;
an den ich erst glauben kann,
seit er mir dich nahm:
Engel:
Elise

(Dezember 1986)

Es ist die Liebe

Denn weil ich liebe, atme ich den Geist der Erde
und erfülle den Wunsch der Welt.

Denn weil ich liebe,
sehe ich mit aller Menschen Augen,
und ihrer Sünden spricht mein Mund sie frei.

Denn weil ich liebe,
will keiner der Schritte zu wenig sein,
und mein Weg der des Ewigen bleiben.

Denn weil ich liebe,
spreche ich dem Leider Güte zu
und erbarme mich seiner Taten.

Denn weil ich liebe,
hör ich die Dinge all ihre Lieder singen
und bette meine schönsten Träume in Rosen.

Denn weil ich liebe,
weiß ich, warum Gott dich als Engel wollt
und niemals ist ein Gebet gar verstummt;

Denn weil er liebt,
trägt mein Herz weiterhin deinen Klang
und spricht meinem Glauben Erfüllung zu.

Denn es ist die Liebe,
die uns bindet
mit zartem Band.
Denn es ist die Liebe,
die uns danach führt
mit zärtlicher Hand.

(Dezember 1987)

Imponderabilien

„Es gab einmal eine Zeit vor den Märchen und der Geschichte zweier Menschen. Es gibt ein Vor-Elise, aber kein Danach; nur dieses wunschlose Dazwischen, dem ich machtlos entgegenzutreten versuche. Unser beider Leben richteten sich nicht nach der Zeit.

In der Mathematik rechnet man mit der Begegnung der Parallele hinter der Unendlichkeit; so etwas muss es wohl sein. Wie es in den Wissenschaften üblich ist, hat auch die Mathematik sich früh mit Ergebnissen begnügt. Nun schneide ich alleine durch die Schwärze des Raums, bis wir uns endlich begegnen. Das Leben will nicht berechnet werden. Also zurück zum Anfang. Zurück zu den noch ungeschriebenen Geschichten und den Lebenden."

(November, 1987)

Elias Graf: Briefordnung

Dieses Chaos aus all den Dokumenten macht auf mich den Eindruck, eine doch eigene Ordnung in sich zu tragen. Eine Ordnung, in die ich nicht mehr, als es die Notwendigkeit verlangt, eingreifen werde. Es fügt sich, dass die Gedichte, wie sie hier in diesem Bericht gereiht sind, auch in jener Reihenfolge mir in die Hände gefallen sind. Sie liegen um das jüngste Tagebuch David Grafs als lose Blätter am Boden verteilt.
Dass er das alles geschrieben hatte, als ich bereits auf der Welt war ...
Was würde diese Anderswelt anderes sein als der Tod, dem niemand entkam?

3. Brief

13. März 1981, St. Paul im Lavanttal

Lieber Christoph T.,

nun denke ich Dich schon wieder in meinem Worte und fühl dich zu tausend in meiner Seel'.
Mein Freund,
die Krankheit, an der so mancher hervorragende Geist leidet, ist die Ungeduld, und geschuldet ist sie deiner einzigartigen Jugend. Betrachte beide nicht als den Apfel, den Eva just zu pflücken bereit, sondern koste vom ersten Bissen an schon den Saft; denn er ist das, was ist –
alles andere ist nur Schein und bald Erinnerung. Also Geduld! Genieße die Bittersüße des Lebens. Selbst bin ich wie von Sinnen und teils außer mir. Ich fühle mich, als würde ein Teil von mir bereits woanders fühlen. Dass mein Wesen nach den Jahren des Reisens, Schreibens und Arbeitens kein Ganzes mehr ist. Aber die Gewissheit warf am heutigen Morgen ihren Anker aus:
*Das, was **Vervollständigung** in allen alten Schriften heißt, beginnt. Es schippert mir langsam zu, beginnt mich zu verwandeln. Womöglich will es die letzte Verwandlung sein.*
Aber zuvor muss ich mich auf den Weg nach Graz

machen. Die Theologische Fakultät bietet mir dort eine Stelle als Dozent an. Das Angebot will ich vermutlich abschlagen, doch würde ich gerne wieder etwas Zeit dort verbringen. Vielleicht ein halbes oder ein ganzes Jahr. Dem Leben am Land wird man bald überdrüssig, allein seiner Schönheit wegen.

*Fern jeden Hafens schreibt Dir
dein Freund und Mondseele
David Graf"*

Hommage an Ch. Lavant

Wankt nur ein Gedanke an dich,
webe ich ein Netz aus Diamant;
unsichtbar und für die Ewigkeit.

Machst du einmal Rast,
schlage ich eine Wolke aus dem Stein,
setze sie allen Sonnen vor,
damit du Schatten hast.

Ängstigt dich etwas,
schmiede ich Lieder aus Eisen
und lege sie dir als Rüstung an.

Gehst du durch die Nacht,
wickle ich sie um einen Ast,
entflamme ihn,
und reich ihn dir als Fackel dar.

Wiegt dein Traum in Schwere,
gieße ich aus Blei den Flügel,
der dich tragen wird.

Und willst du weiterziehen,
löse ich Freiheit aus zwei golden Ringen
und schenke sie dir.

(März 1980, „An eine Freundin")

Himmelsturz

Berühr mich, meine Haut wird Wolke.
Schwebe unter dem Himmelblau,
schwebe über die Welt als solche,
bette alles in Herzengrau.

Stoße mich aus meinem Himmelbett,
ichfalle vor dir auf die Knie;
entflammt bin ich: ein Feuersonett!
Berühr mich, sei mutig wie nie!

Die Welt würde in Flammen drehen
und die Sonne Neid verspüren
auf zwei Herzen, und ihr Nievergeh'n –
auf uns, die an Ewigkeit rühr'n.

(Oktober 1982)

Brombeere

Augenlider klappern kalt
wie zwei Knochen aneinander.
Es hallt: „Verschwinde, Tod!"
aus starren Körpern.
Eine Sonne scheint;
frisst durch mein Auge sich
in mein Herz hinein.
Als ob Nerven nur fleischgelöst
aber nicht seelenfrei;
sie halten an dir fest.
Wie nah du bist; wenn ich fühl,
wie gespenstisch durch Gedankenlast.
Nun sitzt die Ewigkeit an deinem Platz
und hat aufgehört zu wandern.
Meinen Hunger stillt der Brombeerstrauch,
aber meine Gedanken mäandern;
also leg' ich mich hin
und schlafe ein auf seinen Dornen.
So süß die Frucht, so süß das Blut;
stell' ich mir vor
und bild' mir ein,
dass die Sonnenglut
das meine noch etwas wärmt.
Aber langsam,
ganz langsam,
mit der Dämmerung,

wird auch dieser Knochenbecher
kalt und leer.
Bedeckt sich bald mit Erdentuch
für den Schlaf ohne Wiederkehr.

(August 1987)

Abraxas

„Was würde wohl Gott von sich behaupten, wer er ist? Und was der Teufel? Wie entscheide ich, wenn ich den Weg nicht kenne? Dostojewski sagte einmal: „Wenn es keinen Gott gibt, dann ist alles erlaubt." Und wen amüsierten wir dann?

Ich denke, gerade weil es einen Gott gibt, muss alles erlaubt sein: Hat nicht dieser Gott uns erst aus dem Garten verbannt? Hat nicht Kain gerade ihn erzürnt? Wie göttlich muss in uns erst die Sünde sein, die uns fehlleitet.

Um mich vom Teufel fernzuhalten, werde ich jede Entscheidung mit Mut und Hingabe treffen.

Denn eines ist sicher: Was der Teufel braucht, um zu überleben, ist die Furcht. Was uns von Gott trennt, ist die Furcht. Ich will nie mehr eine Entscheidung aus Angst treffen."

(Juli 1981)

4. Brief

04. November 1981, Graz

Lieber Christoph T.,

manchmal fühle ich mich, als wäre ich in ein Szenario hineingeboren, das mich von Anfang an allen Zeiten und Zeitgenossen fremd machte und mich stets von diesen abtrennt. Als ob mein Leben bloß eine abgerissene Seite wäre – eines Testaments des Saulus vielleicht? – eine Seite, an der ich mich früh schon schneiden musste.
„Wie wenn einer nicht sagt, was ihn die Liebe heißt und niemand willig, es noch herauszufinden?"
Ich bin vor langer Zeit zu Niemanden geworden und habe herausgefunden, was es bedeutet, zu lieben. Und in jenen Tagen bin ich abermals zu einem Fremden meiner Zeit geworden. Ist denn selbst die Liebe der Zeit unterworfen?

Nun, mein Freund, will ich Dir aber auch über Schönes berichten: Ich soll im Frühjahr eine Reise durch Jugoslawien unternehmen. Dort gibt es einen Ort namens Medugorje, in dem ein paar Kinder im Juni dieses Jahres eine Marienerscheinung wahrgenommen haben sollen. Nun pilgern dort alle möglichen Scheinheiligkeiten hin und erwarten erneut eine Erlösung. An was soll man in dieser Zeit noch glauben, wenn nicht an das Ungewisse?

Ein wenig Abenteuer wird mir guttun.
Dieser Hafen ist zu voll mit Unpersönlichkeiten.
Ich melde mich bald und sehne mich, dir mehr zu erzählen.

In Liebe
David Graf"

Einander

Was macht der Wind, wenn er nicht weht?
Oder das Feuer, wenn es nicht brennt?
Was macht der Regen, wenn er nicht fällt?
Oder der Mond, ohne Erde, die er umdreht?

Was ist die Zeit, die weder kommt noch vergeht?
Was ist die Liebe und was Gebet,
ohne den einen, der glaubt,
und den anderen, der lebt.

(Oktober 1984)

Wegekreuz

So sage, und verzage nicht;
die Lieb', was hat sie verheißen?
Bist du willig, es herauszufinden?

Wie Wiesen vergessen,
wer ihre blaue Rose war,
wenn Blumen nicht mehr blühen.

Wo wäre sie zu finden?
Wenn sie einst verloren
und kein Licht mehr den Tag erhellt?

Die schwesterliche Zärtlichkeit
würde ruhelos durch Wälder streifen;
ohne Haus, ohne Herd, ohne Halt,
um neues Glück zu gründen.

Wer bist du, die du mir sagst,
was mir die Liebe heißt,
und dich vor meiner wilden Jagd verbeugst?

Bist so ehrerbietend,
dass ich alle Hast und Zorn,
die ich zuvor gefühlt, bereu'
und mich an dich schmiege –

Sag: Bist du noch die Zeit
oder schon der Tod,
in den ich mich verliebe?

(Oktober 1982)

Wäldchen

Dein Zartes wickle ich
in Lorbeerblatt
und bekränze damit mein Haupt.

Deine Macht ummantle ich
mit Buchenrinde;
aus ihrem Holz
bau ich mein Haus.

Mit jedem Gedanken,
der aus mir ins Freie tritt,
will ich nun nur noch
die Welt entzücken.

Aber aus meinem Herzenwäldchen
möcht' ich nicht mehr zieh'n,
sondern mich weiter mit dir
in ihm verlaufen.

(Oktober 1983)

Tagebuch Graf: 15. November 1981

„Zug nach Jugoslawien

Im Zug nach Jugoslawien sitze ich einer schönen Frau gegenüber. Sie trägt ihr blondes Haar offen. Ihren Namen werde ich bald wieder vergessen haben. Ich erinnere mich selten an die Namen der Menschen. Sie sagen mir zu wenig aus. Ich leide unter einem Syndrom, das mich nur schwer Konturen erkennen lässt; Gesichter verschwimmen ebenso wie die Wörter, die aus ihren Mündern kommen. Wesenszüge merke ich mir … aber ich schweife ab. Bin ein Vogel, der mit dem Wind seine Richtung findet. Die blonde Frau ist ein Vogel und alle anderen Passagiere im Zug ebenso.
Eigentlich schweifen wir doch alle ab. Ziehen mit dem Wind durch fremde Ländereien.
Nach einiger Zeit ist noch ein jeder verschwommen, wie auch alle Konturen ihrer Gesichter.
Ich bin ein Weltengleiter und kein Menschenkenner. So ist eben meine Natur.
Die schöne blonde Frau hebt ihren Arm, zeigt aus dem Fenster und sagt: „Schauen Sie! Ein Falke auf dem Zaunpfahl! Sehen Sie ihn?"
„Das ist ein Bussard, Falken leben höher", sage ich, ohne den Blick von den Seiten meines Buches zu heben."

5. Brief

08. März 1982, Graz

Lieber Christoph T.,

wie oft hatte ich für eine aufrichtige Liebe schon alles aufgegeben; und nun wieder!
Und ich verbiete Dir, diese in Frage zu stellen – wie ich es dir bei allen Lieben verboten hatte! Könntest du jetzt nur den Frohsinn aus meiner Brust brechen hören! Ich führe Feder, wie mein Herz wohl seinen Stab führt; zu einem Orchester, das mir ungeahnte Melodien darbieten möchte, für mich als einzig Lauschenden.
Stell Dir vor: Sie ist verlobt, und das mit dem Falschen!
Kannst Du mir erklären, was es ist, das so tief an uns rührt, was uns in einem Moment die Kraft gibt, alle Ketten zu sprengen und uns frei zu fühlen? Oder sind wir für unsere Herzen nur ein eigentümlicher Witz, wir Männer?
Aber ich will mitspielen und gebe mich der Maskerade hin; will den Falstaff der Liebe mimen, denn hier werde ich von der späteren Klarheit, dass diese Liebe abermals nicht die letzte sein wird, nicht erschüttert werden! Dennoch lasse ich ihr, wie allen anderen Verliebtheiten auch, ein Erdbeben folgen:

Mein Herz hat sein Haus verlassen und ich endgültig die Türe verschlossen!
Wie lange bin ich schon meiner Arbeit, diesem Ort und seiner Leute überdrüssig? Und wie lange leidet meine Neugier einen Mangel an Befriedigung?
Ich kann Dir nicht vorenthalten, dass ich in Gottes Ansehen sträflich geworden bin, als ich besagtes Fräulein der schönsten Stunde des Tages raubte und sie, abseits jeglicher Aktualität, die uns umgab, küsste; heilig ist mein ‚Ja', wenn ich sage, dass ich sie küssen musste, um mich mit Zentnern von nicht zu erfüllender Sehnsucht zu beladen, sodass alles aus dem Lot geraten musste. Ein Kuss wie ein Schatten zur hellsten Stunde des Tages.

Vor dem Kuss hatte sie mir von ihrem Traum erzählt, einmal nach Spanien reisen zu wollen. Ganz in den Westen, bis dorthin, wo noch der letzte Weg sich verlaufen würde. Ihr Onkel hat ihr von einem Ort erzählt, der der Sammelpunkt der Sterne genannt wird: Santiago de Compostela.
Und da kam mir just die Gewissheit: Was könnte es Besseres geben für einen ewig durch die Nächte Wandernden wie mich?
Nun will ich ihrem Traum Erfüllung schenken, und das aber alleine und zu Fuß (ich weiß noch nicht, ob die Welt so viel Zeit übrig hat!); Sie soll ruhig heiraten und dafür mein Glück hier in dieser alpen-

ländischen Tristesse finden.
Sag, bin ich ein Dieb?
Oder ist es gar mein Traum, und nicht ihrer?

Das nächste Mal schon soll Dich mein Brief aus einem anderen Land erreichen und die Unterschrift eines Pilgers tragen!
Hier will ich keinem davon erzählen, dass ich ihren Tagen die Nacht gestohlen habe.

In der Leichtigkeit eines Kindes
Vademecum – vadetecum
David Graf"

Über die Berge

Im Geradeeben,
wenn Hier und Jetzt ist,
will ich zu Berge sehn;
Oh, Wunsch! Wo du bist,

werde ich morgen geh'n!
Träumte euch lang zu,
träumte der Zeit Vergeh'n.
Nun will ich partout

bald auf dem Gipfel steh'n.
Gestrig Blick noch klar,
hat unbedacht geseh'n,
in die Zukunft starr',

in ein fernes Leben.
Geduld hat Geduld,
sie wird mir vergeben
jene Jugendschuld.

Wo Winde wehen,
wo Vögel singen
und der Atem nur einmal kreist,
würd' ich leben: Tief, frei und dreist
mit Falkenschwingen
auf Stürmen gehen.

Wo Täler tiefen,
wo Quellen sprießen
ist ein Lied ein Lied, keines mehr –
Kein Sinn verlange Wiederkehr.
Er will genießen.
Er will vertiefen.

Wo Nächte schlafen,
wo Tage wachen
und keine Uhren mehr schlagen,
will ich, würd' mich selber wagen
hell zu entfachen,
am Sternenhafen.

(April 1982)

Wanderlied [2]

Werde der, der du bist
Schreib der Welt dich ein
Geh, wohin es dich zieht
Denn dort sollst du sein

Folge dem Bach dorthin
Hör, wie er dich führt
Zum Fuß der Berge bringt
An den Freiheit rührt

Dein Blick auf Sterne fromm
Führt durch den Wald tief
Vorbei an wildem Tier
Folgst dem, der dich rief

Vertrau dem Tage zu
Der nach der Nacht kommt
Steh ihre Kälte durch
Und sieh, dass es lohnt

Kein Mensch bleibt allein
Die Lieb' duldet's nicht
Ein Wandrer, der weit geht
Findet auch sein Licht.

(Datum unbekannt.)

---

2) *Anm.: Dem Gedicht/Lied beigefügt ist eine Danksagung von David Graf an meine Großmutter Maria Haller: „Vielen Dank meiner Mutter, dass sie mir dieses Lied vor dem Zubettgehen immer vorgesungen hat!"*
Als ich es wiederentdecke, holt mich die Erinnerung ein, dass es auch mir vorgesungen wurde. Es hat Großmutter immer traurig gestimmt hat.

Todesnaht

Ich durchwirke meine Zeit,
wie die Nadel ihren Faden zieht:
durch Lebensstoff.
Ich bändige Tag und Nacht
und hab sie glauben gemacht:
Euch gibt es nicht.
Aber wie auch die Nadel ihren Faden
einmal ums letzte Kreuze legt
und den letzten Saum vollbringt,
war alles geführt von Gotteshand
und die Zeit von Anbeginn
die Todesnaht.

(Juni 1988)

Meer der toten Zeit

„Eine Reise bedeutet oft auch eine Entfremdung und bevor Wogen geglättet werden, muss Sturm aufziehen. Also treibe ich vorerst weiter im Meer der toten Zeit und denke über Aristoteles' Rätsel nach: Was denn zuerst da war – die Symmetrie oder das Teilchen? Und muss ob der spontanen Klarheit der Antwort auflachen. Zuerst kommt immer das, wonach sich eine Anhäufung von Energie am meisten sehnt. Bei mir war es Freiheit.

Hände verbrennen sich rasch am Feuer der Freiheit, wenn sie nicht fest genug zupacken. Und ich klammere mich weiter an das Stück Treibholz, das ich mein Leben nenne, und versuche an Land zu kommen.

Denn eines ist mir in den Dörfern klar geworden: Man wird unweigerlich zu dem, was man akzeptiert."

(Juni 1982)

Fragmente aus den Tagebüchern

(1981-1988)

Unmacht – Ich hatte nicht vor, jemals wieder zu gehorchen, und doch werde ich meinem Herzen immer Sklave bleiben; selbst, wenn es der Einsamkeit erliegt.

Mangel – Ein Mangel ist eine Fülle an Potential, welches der Mensch für sich noch nicht errungen hat; welches also nur Möglichkeit ist. Kommt jenes Potential zur Entfaltung, spricht Aristoteles von „in actu".

Nachahmerin – Die Welt ist eine Nachahmerin in all ihrer Verwerflichkeit und Schönheit. Aber ihre Güte ist immer einzigartig.

Einsamkeit – Einsam ist der Einsame an jedem Ort zu jeder Zeit. Sie geht nicht; er kommt nicht weit. Allein nur der, der alleine fühlt.

Traurigkeit – Traurigkeit ist wie feuchter Morgentau, der sich von innen an die Schädelwand legt.

Sprache – Versucht man über die Sprache zu herrschen, stößt man irgendwann an ihre Grenzen. Sie zu befreien aber, und mit ihr aus allen Formen zu treten, ins Mögliche hinaus, das ist die Kunst! Jeder Satz soll eine Revolution gegen alte, starre Systeme bedeuten, vor allem aber eine Revolution gegen uns selbst.

Gehen – Im Gehen liegt die richtige Geschwindigkeit, um die Welt, wie sie uns begegnet, mit allen Sinnen zu begreifen. Reist man zu schnell, kommt man nicht an. Reist man weit und lange, kommt man nicht mehr zurück. Die Gesellschaft, die man verlassen hat, wird sich überholt haben, ohne sich vom Fleck zu bewegen.

Gesellschaft – Die Gesellschaft ist keine gute; nicht einmal genießbar möchte sie mir sein; schon gar nicht verdaulich.

Amoralist – Was ist die Moral, wenn nicht ein von Zeitgeist, Gesellschaft und Religion definiertes Übel. Was heute moralisch ist, ist morgen verwerflich. Unmoralisch ist jemand, der mutwillig einem anderen Leben schadet, wenn es seine Moral rechtfertigt. Ich bin Amoralist. Ich glaube nicht an eine Moral, wohl aber an das Leben.

Über die Orte – Orte, die es mit einem Heranwachsenden gut meinen, behalten diese meist auch. Die anderen werden über jene Orte hinauswachsen.

(Gustave Doré, 1832–1883, Frankreich; Maler, Illustrator. Motiv auf einer Postkarte – ohne Adresse oder Datum)

„Mein Kopf in der Anderswelt; bei ihr. Also lenke ich mich mit dem Schreiben ab, um noch ein wenig mehr Zeit in dieses Dasein zu pflanzen."

David Graf

Reisetagebuch 1

08. Juni 1982, Norditalien

Was mich antreibt – diese Frage ist mein ständiger Begleiter geworden. Zu meiner ständigen Sorge: das Wetter. Nun bin ich gut zwei Wochen unterwegs und fand keinen Tag, an dem es nicht zumindest ein wenig geregnet hätte. Bis auf die Feuchtigkeit wache ich mit der Sonne auf und beginne alsbald mit den ersten Schritten. Bis auf drei Mahlzeiten ist der Tag mit Bewegung gefüllt. Ich muss beschäftigt bleiben, um eben jener Frage auszuweichen.
Mittlerweile schmerzt mein ganzer Körper – um die 25 Kilometer lege ich täglich zurück – unter dem steten Gewicht des Rucksacks, der jedem meiner Schritte wie ein zweiter Puls nachschwingt. Eine sonderbares Eigenleben ist in ihm herangewachsen. Ich zog die letzten Tage durch so viele Orte, wie ich sie in all den Jahren zuvor nicht hätte zählen können.
Ich richte mich nach ihnen, nicht mehr nach der Zeit. Schreite sie ab, wie ein Zeiger über die Abschnitte eines Ziffernblattes streift.
Es ist mir bis jetzt ganz gut gelungen, vor der Nacht in ein Dorf zu kommen; bis auf zwei Male, in denen ich unter freiem Sternenzelt meinen Schlafplatz fand. Das war im Tal, durch das mich die Soča auf

magische Weise begleitete. In Nordwest-Jugoslawien schlief ich dann zwischen zerstörten Bunkern und von der Natur noch nicht zurückeroberten Schützengräben.

Ich möchte nicht verschweigen, dass es Begebenheiten gab, die tief an mein Verständnis von Furcht rührten.

Zumeist schlafe ich in den Vorhöfen der Kirchen oder, wenn mein Geldbeutel es zulässt, auch ab und an in einer Stube in einem Wirtshaus. Und wie sehr ich nun ein warmes Bad schätze! Ansonsten genügen auch die Flüsse um diese Jahreszeit.

In Italien tun mir meine Lateinkenntnisse gute Dienste.

Bald will ich mich bei Christoph melden. Doch habe ich früh gemerkt, dass diese Art des Lebens nur weniger Worte bedarf. Es scheint mir, dass das Wandern alles an einem verschlingt, was nicht unbedingt von Notwendigkeit ist; auch die Sprache.

Ich sollte bald in Verona sein; da will ich ihm schreiben. Im Kloster zu Verona will ich einkehren und um Asyl bitten, und, wenn es denn möglich ist, einen Tag Rast einlegen."

Sonnenkuss [3]

Wenn uns die Wolken dann umarmen –
und Wälder sich unser erbarmen,
wird der Wind ein Lied uns flüstern:
Die Sonne küsst, küsst gern schüchtern.

(Juni 1982)

„There are clouds that embrace me,
and woods that rock me in these arms,
and the wind that whispers:
That the sun is kissing us."

(Namenloser Wanderer, Juni 1982)

---

3) *David Graf übersetzt es selbst aus dem Englischen. Er notiert in seinem Tagebuch: „Draußen im Wald; es stürmt. Ich bin an der Grenze zu Frankreich. Da kreuzt dieser Wanderer meinen Weg und sagt zu mir diese wenigen Sätze, die mein Gemüt sofort erheitern."*

Gesellschaft ohne Gott

„Die Tugenden der Gesellschaft sind Laster für den Heiligen', hat Musil sich selbst zitiert und ich frage, ob denn nicht gerade die Entfremdung unseres eigenen Wesens nötig ist, um sich der modernen Gesellschaft gut anzupassen. Aber welchem Gott folgte diese Menschheit dann?"

(April 1982)

Entfremdet

Unsere Nähe braucht die Entfernung –
weil wir lernen müssen,
unsere Distanz
in Wegen zu messen,
die wir gegen uns begangen haben.
In jener Entfremdung
einen Freund zu finden –
der wird allem entfremdet
und ist bald Freund der ganzen Welt;
auf der ich dich finde.

(Juni 1982)

Regenkaiser

Draußen möcht' ich den Regen spüren
und wie ein Blatt mich in ihm wiegen;
und nicht durch Wände ihn nur ahnen.
Durch Fenster seh' ich auf Leute hin
und kann dahinter nichts entdecken,
was einst mir Freude war an ihnen.
Leg mir doch den seinen Mantel an,
während sie sich um Kleider reißen,
und du wirst sehen: Kaiser bin ich
und auch immer noch: Deinesgleichen.

(Juni 1983)

Pandora

„Die Geschenke der Götter haben den Menschen immer Unheil bereitet. So warnte einst Prometheus seinen Bruder Epimetheus, diese anzunehmen. Es war wohl die Neugierde, die Pandora dazu veranlasst hatte, diesem Ratschlag ebenfalls nicht Folge zu leisten. So wurden die Übel in die Welt gelassen, bis auf das letzte: Die Hoffnung. Wie Nietzsche meinte, ist die Hoffnung dementsprechend das schlimmste dieser Übel, weil sie uns die anderen ertragen lasse, über ein ganzes Leben. Was aber, wenn die Hoffnung das größte aller Übel ist, weil sie uns den Glauben an uns selber nimmt und uns so von unserer von Gott gegebenen Kraft trennt?

Ist es nicht so, dass wir erst dann hoffen, wenn wir befürchten, etwas nicht aus unserer eigenen Kraft erschaffen zu können? Ist Hoffnung dadurch nicht eine Selbstaufgabe? Lege ich damit nicht alles, was ich mir wünsche, in die gläsernen Hände des Schicksals und entferne mich von meiner eigenen Gestaltungsqualität als Mensch?

Ich nehme die Hoffnung und lege sie zurück unter das Kreuz, zu dem, der für uns allen Schmerz auf sich genommen hat. Gott ist nicht tot! Wir haben ihn nur vor langer Zeit sterben lassen. Die Hoffnung ist tot und wieder bei den Göttern einer vergessenen Zeit."

(November 1988)

Reisetagebuch 2

02. Juli 1982, Briançon/Frankreich

Ich habe aufgehört, mich zu rasieren. Irgendwann, ich denke, es müssten bald 20 Tage sein, ging mir am Weg der Sinn einer täglichen Rasur abhanden. Es ist mir bereits ein beträchtlicher Bartansatz gewachsen und ich muss gestehen, ich frage mich, warum ich mir den Bart nicht schon viel früher einmal habe stehen lassen. Ich fühle mich ansehnlich und gleichzeitig frei. Vielleicht wie ein Buschwerk, das im Wind wiegt. Übertreiben möchte ich natürlich nicht. Der Fischer in Pavia meinte, ich solle darauf achten, mich auf einem solch langen Weg nicht zu verlieren. Vielleicht verstehe ich noch nicht ganz, was er damit gemeint hat.

Um mir die Möglichkeit zu nehmen, mich aus Gewohnheit wieder rasieren zu wollen, wollte ich mein Rasiermesser bei einem der braven Mönche in Pavia lassen und entschied mich im letzten Moment doch dagegen! So ein Rasiermesser ist vielseitig einsetzbar auf einem solchen Abenteuer. Zwar habe ich auch noch ein anderes Messer – zum Essen hauptsächlich – aber nun dient mir das zweite beim Verarzten meiner Füße und Zurechtschneiden der Verbände. Ein Leben lang will ich den Franziskanermönchen dankbar sein. Sie haben mich in Pavia aufgenommen und dann noch in Turin; zwei altehrwürdige Städte. Im Dom zu Turin wird das Grabtuch Jesu bewahrt; ‚Sacra Sindone', sagt man in Italien.

Was mich am meisten beeindruckte, war die Gastfreundschaft der Franziskaner. Sie teilen all ihre Habseligkeiten mit dem Volk. Als ich endlich angekommen war und meinen Vagabundenschleier ablegte, löste sich in mir ein Groll wie ein riesiger Fels in der Brust, nur aufgrund jener Gutmütigkeit, mit der sie einem Menschen wie mir begegneten. Ich weiß, dass ich ein nicht viel schlechterer Mensch bin als viele andere, aber die Welt ist auch keine gute. Nun hat sich etwas in meiner Betrachtung geändert: Die Welt wäre eine bessere, würden wir sie uns wieder ansehen.

Mittlerweile verstehe ich, dass jeder Mensch in sich etwas vom Leben Mitgegebenes trägt, das er mit der Welt teilen soll. Wie die Franziskaner es mit den Menschen teilen. Unsere Perspektive auf das Leben ist von unnützen Dingen überlagert.

Vielleicht auch einem Rasiermesser?"

Löwe

Er trägt seine Mähne,
dass der Wind sich
nach ihm richtet.
Und wäre ich ihm, nach einer,
würde jede meiner Strähnen
zum Fingerzeig - ihre Schatten
würden der Freiheit befehlen.
Ein Ungebundensein im Geist:
Dann will ich Mut sprechen.
Mein Innigstes: Zärtlich Gebrüll,
das Vergessene herzlich rührt,
bis in ihnen wieder Güte schreitet,
und hinter all ihren Schritten
nur ihr Schönstes bleibt.

(Juli 1982)

Tagebuch: Juli 1982, Italien

„Seit Tagen laufe ich den Po entlang und erinnere mich an die Worte des alten Anglers, der auf der Brücke zu Pavia stand und mir gewinkt hatte: An den Flüssen könnte man sehen, wie es um das Blut der Ansässigen steht.

Zwei Angeln hatte er ausgeworfen; aber mir war, als hätte er sein Leben lang noch nichts gefangen; außer der Zeit. Die Zeit, um nachzudenken, was ihm an Leben entwischt war. Was er damit aber meinte, danach wollte ich nicht fragen. Ich hatte eben das Gefühl, wie ein offenes Gewässer vor ihm zu liegen, ohne zu wissen, in welche Richtung ich fließe. Wohl aber, dass ich nicht auf den Grund sehen konnte.

Noch Tage danach hängen meine Gedanken an seinen Worten, während ich immer wieder die Flüsse betrachte."

Lebenssturm

Wir reiten auf wilden Lebensstürmen,
unter denen sich der Mast verbeugt,
weil die Segel schwanger wiegen,
was wir an Wunsch noch nicht erfüllt.
Unser Kahn treibt in einem Rosentümpel,
aber will keine Wellen schlagen,
da die Gewalt ihn in die Tiefe drückt
und der Jugendsaft – bald Harz –
aus dem Stamm nur als leises Stöhnen rückt.

Wir reiten auf ihnen wie auf Unsicherheiten,
wenn ein Zuwenigsein der Seel vor Anker liegt.
Nur Abwarten ist der Zeitenatem;
Der Stillehauch, der nichts bewegt.
Die Ruder erwartend; denn Mannesdrang
füllt bald den ganzen Kindermantel,
bis er aus allen Nähten bricht
und Mut das schwächste Kettenglied zerreißt.
„Vorwärts, Land ist in Sicht!",
ruft allem voran der Jugendgeist.

Wir reiten auf ihnen wie auf Hoffnungsströmen
und der Rosentümpel wurd' zum Fluss.
Steuern durch Katarakte, die uns schrammen,
und die geringste Glut will entflammen.
Doch die Rosen nehmen sich unserer Herzen an

und begleiten uns wie Träume
aus frühen Lebensgezeiten; ungelebt.
Nun holen wir die Segel ein,
dass noch dazu der Mast sich hebt.
Der Fluss wird der Steuermann sein,
wenn der Sturm am heftigsten weht.

Wir reiten auf ihnen, wie Götter es wollten:
mit Furcht, mit Angst – aus Leidenschaft.
Am letzten Ufer wird der Mut vergolten
für alle Taten, die wir bald erbracht.
Doch geh ich dort nicht alleine an Land!
Das Meer birgt das Glück in den Gezeiten;
und meine Lieb'! Den Seelenmensch erkannt.
Es tut mir leid; ich muss den Göttern geizen
wovon sie von Prometheus einst verbannt.
Ich bin kein Falke, kein großer Gesang,
aber Lebenssturm bin ich – Schicksalsdrang;
und werde auch irgendwann vergehen.
Ein Verstummen; kein Umgnadeflehen!
Wurde Dieb, und raubte mir mein Leben.

(April 1982)

Gewitterfront

Welch Zittern von draußen
sich den Bäumen bemannt
und wie plötzlich alles hin
und her fliegt wie gepeitscht
von einer Geisterhand
und es regnet und es donnert
und weit wie Galileos Blick
liegt blaues Blitzeband
unbefestigt an einem Ende
der schönsten Tage
und mein Blick gebannt;
beobachte dieses Wetterwerk
für Minute für Stund
und gar ein Jahr –
gewiss, aus meiner Uhr
floss nur noch Sand.
Wo war nun, wofür ich bitter brannte.
Das, wonach ich grub
und dachte, dass ich fand?
Wonach meine Seele so lange suchte;
Elise! Einst Diamant;
nun leerer Platz an meiner Seelenkette;
muss ihn füllen mit Lebenspfand.
Die Antwort liegt nicht draußen,
sie inselt in meinem Verstand.
Ganz allein und fern jedem Land

und ich schaue in den Regen
und langsam bemächtigt sich
dies Bäumezittern auch meiner Hand.
Krallt mir gar noch in mein Mark
empor und mich fröstelt:
Du bemitleidenswerter Tor!
Hast dich zu weit ins Glück gewagt
und dich letzten Endes
verrannt.

(Mai 1988)

Reisetagebuch 3

14. Juli 1982, Le Barroux/Frankreich

Nun weiß ich, dass ich im Leben zuvor niemals einsam gewesen bin. Was ist eigentlich diese Einsamkeit; sie will es mir nicht verraten.
Wage ich an sie zu denken, hüpft sie alsbald aus dem nächsten Gebüsch oder kommt hinter dem nächsten Baum hervor. Meistens aber wartet sie einfach am Straßenrand und begleitet mich dann wie eine treue Hündin.
Will ich sie beschreiben, ähnelt sie einer Ungewissheit, einer vollkommenen Wissenslosigkeit.
Stelle ich mir meine Vergangenheit als einen Faden vor, der an mir zieht, und dann die Zukunft ebenso, scheine ich von beiden abgetrennt worden zu sein.
Von den Menschen fehlt mir nur Temnitzer und ein Gespräch mit ihm. Er wüsste, was zu sagen wäre.
Vor allem fehlt mir aber eine Antwort: Wozu?
Wenn anfangs noch zaghaft, weil es ja doch etwas Befremdliches ist, wegen der Einsamkeit mit sich selbst ein Gespräch zu führen, ist mittlerweile die ein oder andere gute Unterhaltung entstanden. Hätte ich diesen Beschluss, ein Selbstgespräch zu führen, nicht gefasst, wer weiß, vielleicht wäre ich in der Stille verloren gegangen. Oder die Fortführung meines Vorhabens wäre aussichtslos geworden.

Wenn man sie nicht mit anderen teilen kann ... wie unwirklich sind Freude und Glück dann?
Was für eine Schönheit teilt die Provence aber mit mir?
Kann es denn sein, dass ein größtmögliches Maß an persönlicher Freiheit nur über den steinigen Weg der Einsamkeit zu erringen ist?
Wenn ich nun von Vertrauen sprechen will, dann von dem, das mir nun das Gottesähnlichste geworden ist – die menschliche Natur.
Denn ich fühle mich mittlerweile einem Blatt, das im Wind an mir vorbei zieht, ähnlicher als dem Menschen, der ich noch vor einigen Wochen war, und von jeglicher Erwartung, die ich mir einst machte, weit entfernt; jetzt, da ich das Gefühl habe, noch nie so nah an meine Seele gerührt zu haben."

---

4) *Christoph Temnitzer: Briefkorrespondenz?*

Elias Graf: Temnitzer

„Endlich ein Hinweis! Temnitzer; es konnte doch gar nicht anders ... Ist er die erste mögliche Verbindung zum Verbleib meines Vaters, nach diesem Pater Ernesto? Mein Gefühl sagt mir, dass ich auf der Jagd nach zu vielen Gespenstern bin.

Ich gebe zwei Eiswürfel in das Glas. Auf den hellen Ton schütte ich Whiskey. Nicht zu knapp. Eine Zigarette wäre gut. Aber ich habe zu früh damit aufgehört. Der Whiskey dämpft das Licht oder macht mich weniger empfindsam, weniger zerbrechlich.

Wer bist du, Christoph Temnitzer?

Aus diesen mir-gerichteten Fragen erhalte ich keine brauchbaren Antworten. Ich werde selbst bald Gespenst, steigere ich mich weiter so in das Leben von David Graf."

Der Schütze

An welch' beiden endlich Fäden
hängt nun noch ein Anfang dran?
Entscheiden muss ich, muss wählen:
an welch' knüpf' ich mein Gespann?

Der Lebensbogen zieht dahin
und wird keine Rücksicht nehm';
zieht von der Wieg' zum Sarge hin,
nicht mehr lang werd' ich besteh'n.

Ein gelöstes Sein, will schwinden –
was löst, ist die Lieb'; was hält:
der Mensch, der Narr, die sich binden
an die trügerische Welt.

Wie sanft und klar sollte ein Pfeil
bereits mit seinem Ziele
verbunden sein, wie Lebensteil,
wie Sinneswill'. Und fiele

einmal einer, gar aus seiner
Zeit hernieder, wird der Schütz'
ihn wieder finden. Viel feiner –
trifft der neue Seelenblitz.

(Juli 1982)

Steinpendel

Manchmal denke ich, in das Tal fliegen
zu wollen. Dann wieder ist die Tiefe
dieses Ummichschließende, als ließe
das Hoffnungslos mein Gebrechen siegen.
Es krankt in mir etwas von Menschenleib,
das ständig erschwert, statt es mich befreit.
Die Flamme der Morgenröte – könnt ich
bloß noch ein Morgen sehnen. Dann wohl glich
mein Dasein umstandsfern. Und ich wäre
Teil vom Tag, oder bloß Stundenleere?
Mein Pendel schlägt schon verkehrt. Da ist ein
Seil und fest daran mein Gedankenstein;
angebunden an Schicksal. Das ich weit
an Zeit schon trage. Ein gebücktes Kind,
vom Leben befremdet, ein Auge blind;
sieht es weit hinter dieses Weltenleid.

(Juli 1982)

Herbstgedanke

Tausend Augen legt er im
Regentau an die Fenster
und macht der Trübe von
überall ein Durchmichsehen.
Welch Nachklang einer Liebe!
Was wird mich noch begehen?
Alle Farben tragen ihr Gesicht.
Immer ruft der Wind ihren
Namen durch Blätterbunt; will
es wiegen wie Glöcklein in einem
Glockenspiel, die schwingen, wie
du in meinen Träumen schwingst.
Ein Vondirsingen, wenn der Regen
fällt. Ein Umdichringen, wenn böser
Schlaf mich hält. Ein seltsames
Lied, das der Herbst mir spielt.
Das ich nur alleine höre.
Das du nimmer hörst.

(Oktober 1987)

Reisetagebuch 4

29. Juli 1982, Zarautz/Spanien

Ich habe es bis nach Spanien geschafft! Mein Glaube an diese wunderbare Tatsache hinkt mir allerdings noch hinterher und hat seine Erfüllung nicht erreicht.

Die Leute sehen mich und freuen sich, wie über einen alten Freund, den sie lange nicht gesehen haben. Was ist es, was ihnen an mir so bekannt scheint, wo doch alles an mir auf der langen Reise zurückgeblieben war?

„Peregrino, peregrino!", rufen mir die Basken entgegen und klopfen mir auf die Schulter; einer von ihnen ließ sich nicht davon abbringen, meinen Rucksack bis zur Albergue zu tragen.

Von Frankreich will ich nicht schreiben; aber unausweichlich wiederholt sich die Härte jener Tage in meinen Träumen.

In der Herberge in San Sebastián wache ich mit diesem Zittern in der Brust auf. Die Unruhe ist zu meinem Wecker geworden; tief in mir schlägt sie aus, jeden Tag zur selben Zeit. Wie pünktlich sie ist ...

Nun sind da nach so langer Zeit noch andere, die den Schlafplatz mit mir teilen. Die ich nicht wecken will. Also nehme ich Rücksicht und bleibe im gemeinsamen Dunkel liegen.

Später wird sich wieder jeder auf seinen eigenen Weg machen.

Anfangs empfand ich jene Gleichgesinnten als seltsam oder störend und sträubte mich vor ihrer Nähe.

Nun, da ich die Herberge in Zumaia, einem kleinen Hafenort am Atlantik, erreiche und gleiche Gesichter sehe, will ich auch versuchen, diesen Menschen offen zu begegnen.

Diesem Ort scheint ein wahrhafter Zauber innezuwohnen, oder dem Tag, oder genau diesem Moment: Als ich ankam, war da diese wunderschöne junge Frau. Ich verlor unter ihrem Anblick jeden Halt. Als ob sie das spürte, kommt sie zu mir und umarmt mich zur Begrüßung. Wie ein Blitz fuhr ihre Berührung durch mich hindurch; Ich hatte so etwas noch nie zuvor gefühlt!

Ihr Name ist Elise. Sie ist Pilgerin."

Elias Graf: Elise

Ich streife mit der Hand über die Augen. Wieder und wieder. Muss aufstehen. Lasse das Tagebuch liegen. Beim Kiosk hole ich Zigaretten. Zittrig ziehe ich eine nach der anderen hinunter. Als ich zurückkehre, liegt das Tagebuch noch immer, wo ich es zurückgelassen habe. Nur viel mächtiger. Das war die erste Begegnung mit meiner Mutter. Ich setze mich auf einen Stuhl. Alle aufgestauten Emotionen brechen aus mir, aufhören zu weinen will ich nicht. Zwischen den Tränen fühle ich erstmals Dankbarkeit gegenüber meinem Vater.

Geständnis

Wäre ich Schiff -
Strudel wärest du,
in den ich steuere.

Wäre ich Flugzeug -
Gewitter wärest du,
in das ich fliege.

Wäre ich Krug -
Inhalt wärest du,
für den ich geschaffen bin.

Wäre ich Tinte -
Feder wärest du,
die mir Sprache schenkt.

Wäre ich Seiltänzer -
Höhe wärest du,
die mich vom Abgrund trennt.

Wäre ich die Zeit -
die letzte Stunde wärest du,
bis zu der ich schlagen will.

(Juli 1982)

Stern

Erst deine Augen gebären die Sterne,
die ich nun zum ersten Mal seh'!
Wie du, Wunsch, mir nahe bist,
wenn jede Sehnsucht fern.
Mich feuert aus der Kälte jene Anmut;
und ich fasse zärtlich
nach allem was ich begehr'.
So lass ab von mir, Fremde!
und bezähme mich;
strahl! Mein Stern, noch mehr!

(August 1982)

Nymphe

Ich liebe dich aus einem einzigen Grund,
der sich über alle meine Zeiten legt.
Welch magisch Zauber hält diesen Märchenbund,
der all mein Sehnen nur zu dir hinhebt.
Mein Wesen umrandet er und füllt es aus
wie den Teich dort unterm Nadelgehölz;
Werf' dich in mich, und find heraus,
ob unsre Wogen, Oberflächenstolz,
zerbersten oder wir untergehen
in Sinneslust, wenn wir den Mond ansehen;
wie nah er an uns rührt! in Erinnerung
an sein einstig Begehr' – seine Nacht:
„Schenk doch meinem Wunsch nach dir Erwiderung.
Leg mein Licht in dein dunkles Meer, ganz sacht."
Da warf sie der Erde ihren Mantel um
und hüllte alles in ew'ges Schweigen.
Alles schwieg und schwieg, sogar die Lieb' blieb stumm.
Da begann plötzlich sich hinzuneigen,
die Dunkelbraut in all ihrer Schönheit,
von Kleidern, Namen und Stolz ganz befreit,
zum Teich im Nadelwald, wo der Mond sie sann,
und die Nacht den Mond sogleich als Herz gewann.

(Oktober 1982)

Reisetagebuch 5

14. August 1982, Güemes/Spanien

Elise hat kastanienbraunes Haar, das sich farblich nur wenig von ihrer Haut abhebt. Sie ist etwas kleiner als ich; viel größer scheint sie allem anderen, was uns umgibt, zu sein. Ist es ihre Neugier? Sind es ihre nach Wissen durstenden braunen Augen? Elise kommt aus Triest. Stammt aus einer gutbürgerlichen deutsch-italienischen Familie. Und studiert in Rom Archäologie.

Ich halte mich an diese Daten, weil ich noch nicht ganz verstehe, was vor sich geht. Nun gut, was habe ich je verstanden? Geschrieben habe ich dennoch darüber ...

Nun hat es sich zugetragen, dass Elise einen Pater Ernesto aufsuchen wollte, der in Archäologenkreisen vor kurzem hohe Bekanntheit erfahren hat. Seine Arbeit bezieht sich auf bisher noch unentdeckte Relikte von Heiligen, die diese auf ihren Pilgerfahrten hinterlassen haben sollen.

Uneigennützig war es nicht, dass ich ihr von meinen theologischen Studien an den Heiligen erzählt habe; die Arbeit dieses Ernesto erregte sofort mein Interesse. Zudem war es ein gemeinsames Ziel, dem wir die letzten Tage zusammen folgen konnten.

Ernesto bietet in seiner Herberge gerne Platz für

Studenten, die ihn bei seinen Studien unterstützen. Mittlerweile sind Elise und ich den vierten Tag in der Herberge Ernestos. Und es werden vermutlich noch ein paar mehr werden. Mein Wissen ist ihr eine willkommene Bereicherung ihrer Arbeit, wie sie meint. Die Blicke, die wir uns immer öfter zuwerfen, sagen mir, dass es nicht bloß die Arbeit ist.
Vielleicht betrachte ich noch immer alles zu rational. Immer darauf bedacht, einen Zweck hinter jeder Begebenheit zu finden, auch nach dieser langen Reise. Vielleicht ist alles zwecklos. Denn wenn ich wie so oft mit Elise in schallendes Gelächter ausbrechen muss, dann braucht es keinen Zweck. Dann bedeutet das Freiheit …
An Zeit muss ich nicht sparen. An Leben will ich nicht mehr sparen!"

Strohfeuer

Behalte doch mein Herz!
Werf' dir es gar hin.
An seinem nur dein Schmerz;
dies übervoller Sinn.

Ich will ihn aufbewahren,
lieben will ich ihn.
An Gefühlen will ich sparen –
glimmt da ein Feuerchen?

Inbrünstig brenn' ich lichterloh,
bis ich nur noch Kohle bin.
Dann lieg' ich starr und dunkle froh
der nächsten Flamme als ihr Sinn.

(August 1982)

Sehnsuchtsschwur

Das Dunkel hinter meiner Augen Licht
fängt die Schatten wildester Phantasie.
So ist ein Traum bloß dunkle Poesie,
die ohn Anfang aus Erinnerung bricht.

Im allerletzten Kerker plötzlich spricht:
„Du Erinnerungsloser, auf die Knie!"
Wahrlich, wo war ich und wo war nun sie?
„Ich bin der Henker und du vor Gericht."

„Zu spät!", rief ich alter Zeitverschwender,
bin erneut hier zum Sehnsuchtschwur bestellt:
„Sprich mich frei, Elise! Zu lang ist's her!"

„Sie ist nicht hier, du Tor! und doch gefällt
den Toten dein Leidensweg nur zu sehr;
aber du lebst – sie ist in meiner Welt."

(November 1987)

Lebenskirche

Nun macht dich die Dunkelheit
fürchten, weil ich sagte,
sie legt dir ihren schönsten
Schleier an; ich meinte,
erst die Nacht mache dich zu
meiner Braut. Nur Tränen
fanden ihre Erlösung
in dieser Stund'.
Meine Worte sammelst
du nur tageweis', mit
Zärtlichkeit bedeckst du
meine Träume. Dein Herz!
und Verstand – ein Kreuz
in deiner Lebenskirche.
Du bindest mein Wesen
an; dort hängt es vielbewegt,
ohne Sprache, starr und
stumm in seinem Glauben
verfangen. Und bangt, ob
nicht die letzte Träne wie
Liebesmüh vergossen.

(August 1982)

Zauberbann

Wenn ich daran denke,
dass sich meine Hand
zart an deine Hüfte legt;
gewiss der Mystik,
die sich dort verbirgt.
Bin ich verzaubert?
Möchte nur ein Gedicht uns schreiben,
so schön, wie ich dich fühl,
würd's dabei bleiben
und ein Leben
wäre zum ersten Mal genug.

(Juli 1980)

Reisetagebuch 6

05. September 1982, Arzua/Spanien

Immer wieder wechseln wir die Wege. Wir verlassen die Küste und wandern ins Innere des Landes. Wir folgen den Dokumentationen Ernestos. Besuchen alte Kirchen und Dörfer, die abseits des Jakobsweges liegen.
Folge ich Elises Neugier, folge ich meinem Wunsch. Bin ich ein Hinterbliebener der Tränen San Lorenzos? Ist Elise Stern, bin ich ihr Nachklang an Sternenstaub.
Ist das das Abenteuer, nach dem ich auf der Suche war?
Wir schlafen oft draußen, weil die Tage meist vor unserer nächsten Destination enden. Zählen gemeinsam die Sterne. Immer öfter umarmen wir uns, weil uns die Fremdheit Spaniens verbindet. An einer Klippe vor Tapia, zu weit hinausragend, um sich ins Meer zu stürzen, überkam es mich. Die Gewalt der Brandung war es wahrscheinlich oder die Standhaftigkeit des Felsens, die mich dazu veranlassten, Elise zu sagen, dass dies ein perfekter Ort wäre, um ein Kind zu zeugen. Ich war von Sinnen. Doch sie umarmte mich.
Ich glaube, es war das erste Mal seit meiner Kindheit, dass ich ohne zu überlegen etwas gesagt hatte.

Nun sind wir letzte Nacht in Arzúa angekommen. Wir nahmen uns ein Zimmer. Und haben miteinander geschlafen. Ich habe das Leben zuvor noch nie so intensiv wahrgenommen.

Obwohl ich es nicht weiß, nicht wissen kann, vermute ich dennoch, dass der Energie, die sich nächtens zwischen Elise und mir entladen hat, ein Kind folgen könnte.

Ich liebe sie."

Elias Graf: Anfang

Ist es denn möglich ...
Was soll das? Warum werde ich nun wieder mit diesem dunklen Teil meines Lebens konfrontiert – dem Anfang? Ist es ausweglos, dass einen die Vergangenheit einholt? Wahrscheinlich ist es Verzweiflung, die aus mir hervorbricht, sich meiner bemannt und mich wütend macht. Jene Verzweiflung, die aus einem Leben hervorgeht, das nun zum zweiten Mal bricht.
Ich verwünsche dich, Graf! Was für ein Leben hast du mir aufgebürdet. Eine Mutter, die ich nur aus deinen Tagebüchern kenne. Die ich dennoch lieben muss, weil ich sie lieben will, und gar nicht anders könnte. Sie war zu schade für dich!
Ich schreie auf. Die Hand fährt über den Tisch. Was folgt, ein Chaos aus Dokumenten, die sich in einem Wirbel im Raum verteilen. Im schräg einfallenden Licht der Abendsonne wirken sie wie Schatten. Sie bleiben so lange Schatten, bis der Boden sie wieder hat.
Das Bild meiner Mutter in der Hand, verlasse ich den Raum.

Für Elias

Wie um den Kern
ist mein Fleisch
um dich gewachsen.

Wie um den Nektar;
als Blume bin ich
um ihn erblüht.

Wie der eigentliche Sinn –
meine Sehnsucht hat
sich mit dir erfüllt.

Du legtest dich in mein Herz,
wie sich der Tag dem Licht ergab.

Neben dir könnt' ich sein.
Aus Ferne wünsche ich:
Du willst für immer bei mir bleiben.

(Februar 1986/unterschrieben mit E.G.[5])

---

5) *E.G.: Die Handschrift hebt sich nicht von jener Grafs ab. Dennoch muss ich da von ausgehen, dass David Graf Gedichte meiner Mutter Elise Graf ebenso notiert und diese mit E.G. unterzeichnet hat.*

Jasminhaut

Wie Gänsehaut bin ich unter deinem Fingerstreif –
Unmöglich, mich deiner Berührung zu entzieh'n;
du berührst mein Herz und, horch!: Es will mir entflieh'n!
Wie still und heimlich es aus der Brust zu dir hin greift,
dies kleine Ding will wandern; noch gar so unreif,
folgt es stur dem einen Hauch: dein wildes Jasmin;
und mein Gedanke geht mit ihm, wohin es auch geht.
Hörig verfällt mein Blut in deine Schwingungen
und aus einem Heiligtum spricht mein Puls dein Gebet!
Will zu dir, wie bis zum Allerhöchsten, schlagen,
diese zarten Stunden durch den Körper tragen,
sodass in ihm nur mehr Platz für einen Wunsch besteht:
Mit dir zu sein.

(September 1985)

Ewigkeit

Was den Himmel von der Erde trennt
und Jugend aus dem Alter stößt
ist den Menschen eigen. Wie behänd
es mich von allen Dingen löst,

wo alles in mir verbinden will.
Was mag dem wohl zu Grunde sein,
das so tief gräbt, gräbt tief und still?
Schabt aus der Seele ein Endlichsein.

Will Frühling nicht auch Sommer werden
und aus Herbst wird einmal Winter –
dann ein Frühling gleich dahinter.
Kein Ding will Ewigkeit auf Erden.

(Januar 1985)

Reisetagebuch 7

25. September 1982, Fisterra/Spanien

Elise und ich wärmen unsere erkalteten Leiber am Lagerfeuer.
(Während ich schreibe, sieht sie zu mir herüber und küsst mich auf die Schulter; sie legt ein weiteres Stück Treibholz in die Flamme.)
Wir schürten das Feuer, um jeweils ein Kleidungsstück von uns zu verbrennen, wie es die Tradition der Pilger verlangt. Kletterten die schroffen Felsen unter dem Leuchtturm hinunter, bis an eine Stelle, an der man von der wütenden Brandung des Atlantiks verschont blieb. So erfüllten unsere nackten Körper den letzten Ritus des Weges: Die Waschung.
Es ist gut, wenn Dinge zu Ende gehen. Niemals war mein Blick getrübt, wenn ich mit ansah, wie das Tuch der Zeit über Begebenheiten gelegt wurde, die sich überdauert hatten. Nun bedrückt es mich aber doch, hinsichtlich der Tatsache, dass Elise bald ihre Heimreise antreten wird.
Und ich stehe dem machtlos gegenüber …
Nichts hielte mich, mit ihr nach Italien zu ziehen. Sie weiß, dass das zwischen uns nichts Alltägliches ist. Ja, ich will sogar behaupten, unsere Begegnung ist ein Geschenk, das uns von etwas dem Leben Übergeordneten gemacht wurde.

Sie fühlt es doch genauso, das spüre ich …
Was sie aber von mir verlangt; was ich, wie sie sagt, ihr zugestehen muss, ist das, was mir mein ganzes Leben das Wichtigste war – Freiheit.
Wie ich diese Freiheit erst mit ihr zu fühlen vermag.
Und nun? Gebe ich sie mit Elise unseren letzten gemeinsamen Tagen in Spanien hin.
So verlangt diese Reise schlussendlich alles zurück, was sie mir gegeben hat.
Nur mich wird sie hinterlassen haben. Und mit mir eine Ahnung: Dass etwas tief Verborgenes in Elise sie davon abhält, bei mir zu bleiben."

Schwelgerei

Was du gesehen, verwandelt dich –
müsst' betrachten deine Wege.
Aus Erinnerung fern, höre ich –
lausche lieber Wunschgewoge.

Gedanken, die aus Liebe kosten,
schmecken bitter nach Vergessen.
Träume, sie duften gleich den Knospen,
jener Blume, einst besessen.

(Januar 1985)

Wer liebt

Wer liebt, der schläft nicht;
als Träumender begegnet er dem Tag.

Wer liebt, der isst nicht,
und wird doch nie an Hunger leiden.

Wer liebt, der sieht nicht,
was die Furcht ihm zeigen will.

Wer liebt, der hört nicht,
was die Angst ihm sagen wird.

Wer liebt, der verlangt nicht,
wonach der Verstand begehrt.

Wer liebt, der will nicht
etwas ohne Mut entscheiden.

Wer liebt, der kann nicht;
der kann nichts,
außer zu lieben.

(März 1983)

Sand

In den Sand ephemer Gezeiten
setz ich meinen Schritt hinein.
Getragen von vier Jahreszeiten,
doch der Gedanke will nur Frühling sein.
Dann leg ich ihn auf eine Seerose
und kann in Stille untergehen.
Was ist, das wird bald einmal gewesen sein
und für immer mein Schönstes bleiben.

(Mai 1086)

Eine Sehnsucht

Komm in meinen Turm
und steh mir Modell.
Von Wunsch gezeichnete,
nackte Erinnerung:
„Warum trauerst du, alter
Alleinemann?"
„Weil nur allein Wunsch
dich fassen kann."

(Juli 1987)

Requiem

Mein Leben mit Gott
war keines für Götter.
Ein Mensch und sein Leben –
ohne als Mensch unter
Menschen zu leben.
Ich bin gefallen,
so, dass sich keiner
an mich binden konnt',
und mich gehen ließ.
Frei, vergehen ließ.
Mein Leben ist ein Dank
an tausend Hände!
Niemand muss festhalten –
Fliegen wollte ich!
So stark fühlte ich
das Leben in mir.
Fliegen wollte ich –
und geflogen bin ich.

(Datum unbekannt)

Schreibtisch

Vergebens wart' ich deinen Brief,
zu schwer wird er der Taube sein.
Doch schreibst du Stunden in mein Herz,
erzählst von dir bei Kerzenschein.

Hast du die Nacht in Fass gefüllt?
Und schreibst mit ihrer Tinte, tief
in das Blatt meiner Welt hinein?
Ach, wie gern würd' ich diesen Brief

bald in meinen Händen halten
wie dein Bild gar mein Herze hält,
als du mir noch im Arme lagst
wie wilder Mohn im Weizenfeld.

Sogar die Zeit, die ich warte,
spricht von dir, und Sterne zählen
ihre Sekunden – tausendfach.
Müsst' ich entscheiden, müsst' wählen

zwischen Einsamkeit und Hoffnung –
die Einsamkeit würde es sein,
wenn sie ähnlich der deinen klingt
und wärmt, wie hier bei Kerzenschein.

(März 1983)

Briefverkehr

04. März 1983, Subiaco/Italien

„Lieber Christoph T.,

vielleicht ist es gerade an der Zeit, Dir zu schreiben, oder auch nicht; ob Gefühle sich daran halten?
Geht es um mich als einen Seiltänzer, so folge ich einem schmalen Grad, gespannt von meinem Anbeginn zu jedwedem Ende hin.
Nicht selten machen die Abgründe meines Gemüts mich fürchten.
Es sind die mit der Tiefe ansteigenden Höhen, die es meinem Verstand schwierig machen, stets das Gleichgewicht zu bewahren – sag mir, Freund, warum wiegen Herzen oft so einseitig?
Wie sprunghaft Elise ist!
Gestern stand sie mit den letzten Schatten des Tages plötzlich wieder vor mir und meinte, sie wolle mit mir in die Nacht hinein wandern; so als wäre die Nacht ihr Zuhause.
„Ist das gar ein Mistelzweig?", fragte ich sie kindlich – wie eine verbotene Frucht pflückte sie mir einen Kuss von den bereits vom Regen benetzten Lippen.
Natürlich wusste ich, dass es das Astwerk einer Linde war, nur will ich bei ihr alles vergessen. Ich will ihr bis zu meiner letzten Erinnerung alles ver-

machen, sodass in mir nur Platz für die Melodie ist, in der mein Herz nach ihr klingt.

Stell Dir das vor, mein Freund! Sie wollte mir nicht glauben, dass ich bereits auf einem riesengroßen Falken geritten bin, oder mit meinen eigenen zwei Händen bereits mehrere Bären erlegt habe! „Du bindest gerne jemanden einen Bären auf", meinte sie darauf.

Diesem Leben fehlt es an so vielem und doch bleib ich Beschenkter; nur an den Wörtern mangelt es, wollte ich beschreiben, was Elises Lachen in mir an Wunsch entfacht und welch Gutmütigkeit sie über meine Blicke legt, die ich oft so hart auf die Menschen werfe.

Diese Blicke ziehen sich so streng wie Seile über die Dinge und die Tage, an denen ich keine Liebe empfand und die mir für immer verloren bleiben werden. Es ist eine Stunde zur Mitternacht hin; der Himmel wirft aus seiner Schwärze tausendfach Gespenster auf mich herab. So stand sie plötzlich im Regen, als letztes Gespenst, vor mir – Elise mit nassem Haar und schwanger. Langsam verlischt auch die warme Flamme der Petroleumlampe und mit ihr die Schatten meiner Sorge: Elise würde vielleicht doch nicht kommen.

In aufrichtiger Liebe
David Graf"

Briefverkehr

„Lieber David G.,

die Zeit ist immer und nie richtig. Und richtiger kann sie jetzt wohl kaum sein.
Denn Elise hat mich verlassen; wochenlang schon – und so muss ich lesen, dass sie Dir zur Braut wurde.
Aber ich werde sie zurückerobern.
Mag sie Dir Rausche verfallen sein; meiner Ordnung wird sie nicht widerstehen können!", sprach die ausgehende Flamme.
Ich bin erkaltete Kohle, David. Während der Feuersbrunst habe ich versucht, das sterbende Holz in Diamant zu pressen, nur um mir dabei die Seele zu verbrennen.
Bei unserem letzten (und eigentlich ersten) so himmlischen Treffen, Herr Graf, da wurde mir etwas bewusst, das ich öfters schon mit Gedanken berühren durfte – was Gott mir manches Mal gütig offenbarte: Die Kraft der unbewussten Kräfte, auch in einem selbst, die einen dazu führt, an erster Stelle mit sich selbst in den Dialog zu treten.
Man schreibt an sich selbst; für sich selbst; und je mehr Selbste das Geschriebene betrifft, desto reiner und weiter und zeitloser die Botschaft – so schufen die Griechen wohl ihren Olymp der Götter.

Und ich frage: Entkommt man dieser Kraft – kann man dieser Kraft entkommen? Ist jedes Tun in dieser Welt zuerst zutiefst ich-gerichtet, selbstgerichtet? In vollster Ohnmacht? Mag die Absicht noch so sehr selbstlos scheinen – ist es, weil da vielleicht ein menschliches Gesetz herrscht, durch das alle Menschen verbunden sind, und alle Erfahrung, alle Erkenntnis sich irgendwie auf alle Menschen auswirkt, dass es vielleicht auch nicht wichtigt, gewichtigt, an wen gerichtet wir schreiben? Viel wichtiger scheint das bloße Mitteilen. Den aus dem Schmutz gegrabenen Kristall geschliffen in die Mitte der Menschen zu legen und ihn schimmern, funkeln, glänzen, strahlen, gleißen, blenden zu lassen? Blenden, Hauptsache blenden? Denn so würde die Aufmerksamkeit gelockt werden, eines schmerzhaften Lichtes wegen, so dass Mensch gar nicht anders kann, als aufmerksam sein zu müssen: durch einen Schmerz, durch Schmerz – Bewusstsein-schaffendes-Spüren (wie es das Weibliche dem Männlichen so oft antut) – Schmerz, den Meditationsmeister und die alten Halbgötter vielleicht schauen konnten, ohne sich dabei zu verlieren, dem schmerzlichen Rausche entgegenruhend im

Jetzt verweilend, so unbehaftet, im Fluss, wie der Fluss, wie ein Fluss, der aus unendlichen Ursprung seinem grenzenlosen Ende entgegenfließt, immer – doch so vollendet sind wir nicht.
Noch nicht.
Du und ich, David. Wir Flüsse, die im Leben nicht reißende Ströme zu werden haben, damit an unseren Ufern Oasen für die Menschen und an unseren Delten goldene Meeresstädte entstehen – können! –, bis der letzte Tropfen süßen Wassers sich im Salz der Welt aufgelöst hat.

In Liebe,
Dein Christoph Temnitzer"

Adieu!

Was tut der Wind,
wenn er nicht weht?
Er lauscht den Geschichten der Liebe,
die er dann wieder um die Erde trägt.

– Ich setze die Segel.

(März 1989)

Anmerkung des Verfassers

Hier beginnt die Geschichte des Elias Graf.

Wie ein Kind, das zu laufen lernt, entschloss er sich, die ersten Schritte gleich den Schritten seiner Eltern zu tun. Vielleicht würde er dann verstehen. Der Nachlass von David Graf war so lückenhaft, dass man aus ihm kein klares Ende zu schließen vermochte. Ernesto aber aufsuchen, das konnte Elias.

Viele Tage mussten vergehen, deren Inhalt irgendwann nicht mehr die Zeit war. Und Nächte durchstanden werden, deren Kälte durch ihr stilles Dunkel Elias oft zweifeln ließen; genau wie der Schmerz, den eine so lange Wanderschaft mit sich bringt, der irgendwann nicht mehr am Körper haltmacht oder vergeht.
Elias aber hielt durch.
Vielleicht waren es Bäche, die Flüsse wurden, oder die Sterne, aus denen jeden Morgen die Sonne neu erstand, die ihm Mut zusprachen. Sein Wille? Oder bloß seine Hoffnung, die ihn alle Strapazen erdulden ließ? Elias aber war nicht mehr derselbe. Das spürte er mit jeder Faser seines Körpers.
Doch dass er bald auf Ernesto treffen würde, erregte ihn ihm einen Zweifel, der ihn traurig stimmte. Eine Trauer, die tiefer lag als ein Mensch sie allein je hätte

erreichen können; wie eine Hütte im Verborgenen – hinter der Seele.

Der Tag war bereits alt geworden und das Abendrot wie eine Decke über die spanische Landschaft gebreitet.

„Vielleicht begegne ich einem Gespenst", dachte Elias, als er vor der Tür zur Herberge in Güemes stand. Das Knarzen der Holztür drängte sich noch vor Elias in den großen Speisesaal. Sofort galt ihm die Aufmerksamkeit der wenigen Leute, die noch zu Tisch saßen, verwundert über das späte Eindringen eines Pilgers.

„Ist es denn die Möglichkeit! Elias, bist du es?"

„Ernesto?"

„Elias! Wie lange habe ich darauf gewartet. Komm her!" Ernesto umfing Elias, der in Tränen ausbrach, und umarmte ihn wie einen Freund, von dem man nicht wusste, ob man ihn je wiedersehen würde.

„Du bist deinem Vater David wie aus dem Gesicht geschnitten!"

Aber Elias konnte nicht anders als weinen, während Ernesto sämtliche Last der Vergangenheit in seinen Händen hielt.

So hat Elias Graf mir – dem Erzähler – seine erste Begegnung mit Ernesto geschildert. Was seither geschah, ist selbst mir ungewiss und wird es vielleicht auch noch eine lange Zeit bleiben. Wovon ich aber noch erzählen kann: Was aus Elise und David Graf geworden ist.

Nachdem Elise den Zug zurück nach Rom genommen hat, hat sie alsbald wieder ihr Studium aufgenommen. Sie konnte David nicht vergessen. Genau so wenig war es ihr möglich, ihm nahe zu sein. Es ängstigte sie vor dem, was sie möglicherweise in sich trug und ihrer Familie schon lange viel Schmerz bereitet hatte. Wäre so etwas Grausames nicht gerade ihrer Geschichte mitgegeben, sie wäre bei David geblieben.
David blieb damals alleine am Bahnhof zu Santiago de Compostela zurück. Er wollte Elise noch nachrufen, dass sie nicht fahren solle, aber wie die letzten Monate vergingen auch diese letzten Worte in der schwerwiegenden Stille, die der Zug hinterlassen hatte. Entgegen aller Zeit und aller Hoffnung, die die fremden Pilger nun in seine Richtung trugen, ging er zurück zu Ernesto. Es war ihm, als hätte er in diesem Zug gesessen.
Elise begann sich bald darauf immer unwohler zu fühlen. Als würde sie sich von Tag zu Tag etwas mehr auflösen. Still dachte sie sich, dass es bei ihrer Mutter wohl auch so begonnen haben musste. Doch die Diagnose des Arztes war eine andere gewesen.
Als Elises Brief David endlich erreichte, war er gerade dabei, einen Weg zurück in sein altes Leben zu finden, von dem für ihn, wie er dachte, nichts mehr existierte. Am Ende dieses Briefes stand: „Mein lieber David, bitte komm zu mir nach Italien.
In Liebe, Elise Barili."

Es war mehr als ein Wunschkind, das Elise in sich trug. Sie betrachteten es beide als ein Geschenk des Schicksals und Elise glaubte immer stärker daran, dass sie durch dieses Kind vom Schicksal ihrer Familie verschont bleiben würde.

David und Elise ließen sich in Subiaco in der Nähe von Rom nieder. Die Schwangerschaft wie auch die Geburt verliefen problemlos und Elias erblickte bald darauf das Licht der Welt.

Als David Elise um ihre Hand anhielt, wich alles, was ihr die Monate zuvor noch Sorge bereitet hatte, einem Gefühl von Glück und Zuversicht, und sie willigte ein. Nie zuvor in ihrem Leben hatte sich eine Entscheidung so frei und vollkommen richtig angefühlt, als wäre sie von etwas getroffen worden, von etwas Höherem, das ihnen ein gemeinsames Leben guthieß.

Elias wuchs prächtig heran. Und um ihn herum entfaltete sich das Leben wie in einem prächtigen Garten. Bis zu dem einen Tag, als Elise aus heiterem Himmel in sich zusammenbrach und vor David am Boden lag wie eine Rose, die lange unter einer unsichtbaren Last gelitten haben musste.

Ob es ein Tag war wie jeder andere oder einer, der für andere ein besonderer gewesen sein könnte, ist nicht von Belang; es war einer, der aus der Zeit dreier Menschen herausgeschnitten wurde und so nie in das Netz des Lebens mehr verwoben werden konnte.

Ein ganzes Jahr noch litt Elise an derselben Krankheit, an der auch ihre Mutter und Großmutter zu Grunde gegangen waren, und wurde schlussendlich doch von ihrer Vergangenheit eingeholt. Schwindsucht, eine Krankheit, die nicht mehr tödlich war, an der nur ihr Geschlecht zu leiden hatte wie unter einem Fluch.

Elises Leben erlosch langsam und heimlich, wie ein Kerzenlicht, aus Davids Umarmung und würde von nun an nur ein Teil des ewigen Sternenhimmels sein.

Daraufhin kehrte David Graf mit seinem Sohn Elias nach Österreich zurück. Er sah sich außer Stande, alleine für Elias zu sorgen, dabei sollte ihm seine Mutter Maria Haller helfen. In David war etwas gebrochen.

Der Rest seiner Vernunft hielt sich an einen Gegenstand, den er von Elise geschenkt bekommen hatte: Eine Füllfeder, deren Besonderheit es war, nur dann zu schreiben, wenn Elise in seiner Nähe war. Weil sie nun nicht mehr zu versiegen schien, weigerte sich David, daran zu glauben, dass Elise wirklich gestorben war, und wurde allmählich verrückt.

Eines Tages entschied er sich, seinen Sohn bei seiner Mutter zurückzulassen, um erneut Ernesto aufzusuchen; und Elise zu folgen, wohin sie auch immer gegangen war. Und kehrte nie mehr zurück.

Inhaltsverzeichnis

Vademecum – Vadetecum	5
Hinter den Worten	6
Elias Graf: Dokumente	7
1. Brief: David an Elias Graf	11
Elias Graf: Erste Begegnung	15
Aus den Tagebüchern	16
2. Brief	17
Für Elise	19
Heilig	20
Es ist die Liebe	21
Imponderabilien	23
Elias Graf: Briefordnung	24
3. Brief	25
Hommage an Ch. Lavant	27
Himmelsturz	28
Brombeere	29
Abraxas	31
4. Brief	32
Einander	34
Wegekreuz	35
Wäldchen	37
Tagebuch Graf: 15. November 1981	38
5. Brief	39
Über die Berge	42
Wanderlied	44
Todesnaht	46
Meer der toten Zeit	47
Fragmente aus den Tagebüchern (1981-1988)	48
Reisetagebuch 1	51
Sonnenkuss	53
Gesellschaft ohne Gott	54
Entfremdet	55
Regenkaiser	56
Pandora	57

Reisetagebuch 2	58
Löwe	60
Tagebuch: Juli 1982, Italien	61
Lebenssturm	62
Gewitterfront	64
Reisetagebuch 3	66
Elias Graf: Temnitzer	68
Der Schütze	69
Steinpendel	70
Herbstgedanke	71
Reisetagebuch 4	72
Elias Graf: Elise	74
Geständnis	75
Stern	76
Nymphe	77
Reisetagebuch 5	78
Strohfeuer	80
Sehnsuchtsschwur	81
Lebenskirche	82
Zauberbann	83
Reisetagebuch 6	84
Elias Graf: Anfang	86
Für Elias	87
Jasminhaut	88
Ewigkeit	89
Reisetagebuch 7	90
Schwelgerei	92
Wer liebt	93
Sand	94
Eine Sehnsucht	95
Requiem	96
Schreibtisch	97
Briefverkehr	98
Briefverkehr	100
Adieu!	103
Anmerkung des Verfassers	104